¡Sé las reglas!

¡ESPERO MI TURNO!

Por Bray Jacobson

Gareth Stevens
PUBLISHING

Please visit our website, www.garethstevens.com. For a free color catalog of all our high-quality books, call toll free 1-800-542-2595 or fax 1-877-542-2596.

Library of Congress Cataloging-in-Publication Data

Names: Jacobson, Bray, author.
Title: ¡Espero mi turno! / Bray Jacobson.
Description: Buffalo, New York : Gareth Stevens Publishing, [2024] |
Series: ¡Sé las reglas! | Includes index.
Identifiers: LCCN 2022051475 (print) | LCCN 2022051476 (ebook) | ISBN 9781538290941 (library binding) | ISBN 9781538290934 (paperback) | ISBN 9781538290958 (ebook)
Subjects: LCSH: Sharing–Juvenile literature. | Courtesy–Juvenile literature.
Classification: LCC BJ1533.G4 J35 2024 (print) | LCC BJ1533.G4 (ebook) | DDC 177/.7–dc23/eng/20230118
LC record available at https://lccn.loc.gov/2022051475
LC ebook record available at https://lccn.loc.gov/2022051476

Published in 2024 by
Gareth Stevens Publishing
2544 Clinton Street
Buffalo, NY 14224

Designer: Claire Wrazin
Editor: Kristen Nelson
Translator: Michelle Richau

Photo credits: cover wavebreakmedia/Shutterstock.com; p. 5 stockfour/Shutterstock.com; pp. 7, 24 (marker) Friends Stock/Shutterstock.com; pp. 9, 11 Zurijeta/Shutterstock.com; pp. 13, 15, 17, 24 (swing) jpointstudio/Shutterstock.com; p. 19 Pixel-Shot/Shutterstock.com; pp. 21, 23 fizkes/Shutterstock.com.

Printed in the United States of America

CPSIA compliance information: Batch #CSGS24: For further information contact Gareth Stevens, at 1-800-542-2595.

Contenido

Sé esperar mi turno.
Es una regla de escuela.

Terrance tiene el
marcador azul.
Kara lo quiere.
Ella espera su turno.

Harvey y Daniel ven
un carrito de juguete
nuevo.
Los dos lo quieren
para jugar.

Harvey deja que Daniel juega con el carrito primero.
Él espera su turno.

Ruth está en el
columpio.
Quiero columpiar
después.

Uso una voz calmada.
Le pido a Ruth un turno.

Ella columpia un poco más.
¡Luego es mi turno!

Tomamos turnos en casa.
Gen ve un programa.
Robert quiere ver.

Robert le pide ver después.
Él usa palabras amables.
Él espera calmado.

Gen completa su programa.
¡Ahora es el turno de Robert!

Palabras clave

marcador

columpio

Índice